CONSTITUTION

DE LA

COLONIE FRANÇAISE

DE

SAINT-DOMINGUE.

AU CAP-FRANÇAIS,

Chez P. Roux, imprimeur du Gouvernement, rues du Panthéon et de la Montagne.

DISCOURS PRÉLIMINAIRE
DE LA
CONSTITUTION.

LA colonie de Saint-Domingue existait depuis plusieurs années sans lois positives. Long-temps gouvernée par des hommes ambitieux, son anéantissement était inévitable, sans le génie actif et sage du général en chef Toussaint Louverture, qui, par les combinaisons les plus justes, les plans les mieux réfléchis et les actions les plus énergiques, a su la délivrer presqu'en même-temps de ses ennemis extérieurs et intérieurs, étouffer successivement tous les germes de discorde; du sein de l'anarchie, préparer sa restauration, faire succéder l'abondance à la misère, l'amour du travail et de la paix, à la guerre civile et au vagabondage, la sécurité à la terreur, et enfin la soumettre toute entière à l'empire français.

La révolution avait renversé, avec violence, tout ce qui constituait le régime par lequel l'île de Saint-Domingue était anciennement administrée.

Les différentes assemblées législatives de France y avaient substitué, à diverses époques, des lois nouvelles; mais l'incohérence de ces lois aussitôt rapportées que rendues, leurs vices ou leur insuffisance reconnus par ceux-là même qui en avaient été les auteurs, la manière dont elles étaient exécutées par des factieux et des hommes de parti, habiles à les interpréter suivant leurs intérêts, contribuaient plutôt à propager le désordre qu'à le comprimer.

Et la conséquence naturelle de cet ordre de choses avait été de faire regarder des lois qui n'auraient dû être reçues qu'avec un sentiment de respect, comme des objets d'alarmes, ou lorsqu'elles étaient impuissantes, comme des objets de mépris.

Les hommes sages qui ont coopéré à la constitution française de l'an huit, ont, sans doute, senti la nécessité d'adopter un nouveau système pour des colonies éloignées, et de consulter dans la création des lois qui doivent les régir, les mœurs, les usages, les habitudes, les besoins des français qui les habitent, même les circonstances dans lesquelles elles se trouvent.

Serait-il facile en effet de peser toutes ces considérations, d'après des rapports souvent infidelles, d'apprécier à une aussi grande distance les changemens opérés dans l'esprit d'un peuple, de connaître ses maux, et d'y porter des remèdes à propos et efficaces, sur-tout pendant la guerre?

L'article 91 de la constitution française aurait pu seul autoriser les habitans de la colonie de St-Domingue à présenter au gouvernement français les lois qui doivent les régir, si l'expérience du passé ne leur en avait fait un devoir impérieux.

Et quel moment plus propre à choisir pour cet important ouvrage que celui où le cahos débrouillé, l'ancien édifice déblayé de ses ruines, les préjugés guéris et les passions calmées, semblaient avoir marqué comme l'instant propice où il fallait en poser les fondemens !

Il est des circonstances qui ne se présentent qu'une seule fois pendant une longue série de siècles pour fixer la destinée des peuples ; si on les laisse échapper, elles ne se retrouvent plus.

A ces causes fondamentales qui faisaient sentir la nécessité d'une constitution pour l'île de Saint-Domingue, combinée d'après les intérêts de ses habitans, intimement liés à ceux de la métropole, se joignaient des motifs également pressans.

Les justes réclamations des départemens de la colonie pour rapprocher les tribunaux des justiciables.

La nécessité d'introduire de nouveaux cultivateurs pour l'accroissement des cultures, la révivification du commerce et le rétablissement des manufactures.

L'utilité de cimenter l'union de la ci-devant partie espagnole avec l'ancienne partie française.

L'impossibilité pour la métropole de secourir et d'alimenter cette immense colonie pendant la guerre avec les puissances maritimes.

Le besoin d'établir un régime simple et uniforme dans l'administration des finances de la colonie, et d'en réformer les abus.

L'obligation de tranquilliser les propriétaires absens sur leurs propriétés.

Et enfin l'importance de consolider et de rendre stable la paix intérieure, d'augmenter la prospérité dont commence à jouir la colonie, après les orages qui l'ont agitée ; de faire connaître à chacun ses droits et ses devoirs, et d'éteindre toutes les méfiances, en présentant un code de lois auquel viendront se lier toutes les affections, se réunir tous les intérêts.

Tels ont été les motifs qui ont décidé le général en chef à convoquer une assemblée législative, chargée de proposer au gouvernement français la constitution la plus convenable à la colonie de Saint-Domingue, ainsi cet ouvrage sera encore un de ses bienfaits.

Le peu de membres dont il a formé cette assemblée, annonce qu'il a voulu éloigner de ses discussions les passions et le tumulte ; mais en même-temps il a voulu qu'elle fût environnée des lumières et des réflexions de tous les hommes instruits, afin qu'un ouvrage d'un aussi grand intérêt fût pour ainsi dire celui de la colonie entière.

Si l'assemblée centrale n'a pas complétement rempli les vœux de ses commettans, si elle n'a pas atteint le but que se proposait le général en chef, elle aura fait au moins ce que les circonstances lui permettaient ; elle n'a pu proposer à la fois tous les changemens qu'on pouvait désirer. La colonie ne peut parvenir à sa plus grande prospérité, qu'avec le temps et par degrés. Le bien, pour être durable, ne peut s'opérer que lentement ; il faut à cet égard imiter la nature, qui ne fait rien avec précipitation, mais qui mûrit peu à peu ses productions bienfaisantes.

Heureuse si cette première tentative peut contribuer à améliorer le sort de ses concitoyens et lui mériter leur estime et leur indulgence, ainsi que des témoignages de satisfaction de la France, quand bien même elle n'aurait pas atteint une certaine perfection.

Tous les articles de la constitution ont été discutés et arrêtés sans passion, sans préjugé, sans partialité, et spécialement le mode de gouvernement adopté comme le seul propre dans les circonstances, à conserver à la colonie sa tranquillité et à la ramener à son ancienne splendeur. D'ailleurs tous les deux ans, les assemblées centrales suivantes pourront opérer les changemens que le temps et l'expérience rendront nécessaires.

L'assemblée centrale n'a pas la vanité de croire qu'elle a proposé la meilleure constitution possible ; mais ce qu'elle peut assurer à ses concitoyens, c'est que tous les membres qui la composent ont constamment eu l'ardent désir du bien, l'intention d'affermir la tranquillité actuelle de la colonie, de rendre sa prospérité durable, de l'augmenter, et de prouver leur attachement au gouvernement français.

CONSTITUTION DE LA COLONIE FRANÇAISE DE SAINT-DOMINGUE.

Les Députés des Départemens de la colonie de Saint-Domingue, réunis en Assemblée centrale, ont arrêté et posé les bases constitutionnelles du régime de la colonie française de Saint-Domingue, ainsi qu'il suit :

TITRE PREMIER.

DU TERRITOIRE.

ARTICLE PREMIER.

Saint-Domingue, dans toute son étendue, et Samana, la Tortue, la Gonave, les Cayemites, l'Ile-à-Vache, la Saone, et autres îles adjacentes, forment le territoire d'une seule colonie, qui fait partie de l'empire français, mais qui est soumise à des lois particulières.

2. Le territoire de cette colonie se divise en Départemens, Arrondissemens et Paroisses.

TITRE II.

DE SES HABITANS.

3. Il ne peut exister d'esclaves sur ce territoire ; la servitude y est à jamais abolie. Tous les hommes y naissent, vivent et meurent libres et français.

4. Tout homme, quelque soit sa couleur, y est admissible à tous les emplois.

5. Il n'y existe d'autre distinction que celle des vertus et des talens, et d'autre supériorité que celle que la loi donne dans l'exercice d'une fonction publique.

La loi y est la même pour tous, soit qu'elle punisse, soit qu'elle protège.

TITRE III.

De la Religion.

6. La religion catholique, apostolique et romaine, y est la seule publiquement professée.

7. Chaque paroisse pourvoit à l'entretien du culte religieux et de ses ministres.

Les biens de fabrique sont spécialement affectés à cette dépense, et les maisons presbytériales au logement des ministres.

8. Le gouverneur de la colonie assigne, à chaque ministre de la religion, l'étendue de son administration spirituelle ; et ces ministres ne peuvent jamais, sous aucun prétexte, former un corps dans la colonie.

TITRE IV.

Des Mœurs.

9. Le mariage, par son institution civile et religieuse, tendant à la pureté des mœurs, les époux qui pratiqueront les vertus qu'exige leur état, seront toujours distingués, et spécialement protégés par le gouvernement.

10. Le divorce n'aura pas lieu dans la colonie.

11. L'état et les droits des enfans nés hors mariage, seront fixés par des lois qui tendront à répandre et à entretenir les vertus sociales, à encourager et cimenter les liens de famille.

TITRE V.

DES HOMMES EN SOCIÉTÉ.

12. La constitution garantit la liberté et la sureté individuelles. Nul ne peut être arrêté qu'en vertu d'ordres formellement exprimés, émanés d'un fonctionnaire auquel la loi donne le droit de faire arrêter, ni détenu que dans un lieu publiquement désigné.

13 La propriété est sacrée et inviolable. Toute personne, soit par elle-même, soit par ses représentans, a la libre disposition et administration de ce qui est reconnu lui appartenir. Quiconque porte atteinte à l'exercice de ce droit, se rend criminel envers la société, et responsable envers la personne troublée dans sa propriété.

TITRE VI.

DES CULTURES ET DU COMMERCE.

14. La colonie, étant essentiellement agricole, ne peut souffrir la moindre interruption dans les travaux de ses cultures.

15. Chaque habitation est une manufacture qui exige une réunion de cultivateurs et ouvriers. C'est l'asile tranquille d'une active et constante famille, dont le propriétaire du sol, ou son représentant, est nécessairement le père.

16. Chaque cultivateur et ouvrier est membre de la famille, et portionnaire dans les revenus.

Tout changement de domicile de la part des cultivateurs entraîne la ruine des cultures.

Pour réprimer un vice aussi funeste à la colonie, que contraire à l'ordre public, le gouverneur fait tous règlemens de police que les circonstances nécessitent, et conformes aux bases du règlement du 20 Vendémiaire, an neuf, et de la proclamation du 19 Pluviôse suivant, du général en chef Toussaint Louverture.

17. L'introduction des cultivateurs, indispensables au rétablissement et à l'accroissement des cultures, aura lieu à St-Domingue. La constitution charge le gouverneur de prendre les mesures convenables pour encourager et favoriser cette augmentation de bras, stipuler et balancer les divers intérêts, assurer et garantir l'exécution des engagemens respectifs, résultant de cette introduction.

18. Le commerce de la colonie ne consiste uniquement que dans l'échange des denrées et productions de son territoire ; en conséquence, l'introduction de celles de même nature que les siennes, est et demeure prohibée.

TITRE VII.

De la Législation et de l'Autorité législative.

19. Le régime de la colonie est déterminé par des lois proposées par le gouverneur, et rendues par une assemblée d'habitans, qui se réunissent à des époques fixes, au centre de la colonie, sous le titre d'*Assemblée centrale de Saint-Domingue*.

20. Aucune loi, relative à l'administration intérieure de la colonie, ne pourra y être promulguée, si elle n'est revêtue de cette formule :

« L'assemblée centrale de Saint-Domingue,
» sur la proposition du gouverneur, rend la
» loi suivante ».

21. Aucune loi ne sera obligatoire pour les citoyens que du jour de la promulgation aux chefs-lieux des départemens.

La promulgation de la loi a lieu ainsi qu'il suit : « Au nom de la colonie française de » Saint-Domingue, le gouverneur ordonne » que la loi ci-dessus sera scellée, promulguée » et exécutée dans toute la colonie ».

22. L'assemblée centrale de St-Domingue est composée de deux députés par département ; lesquels, pour être éligibles, devront être âgés de trente ans au moins, et avoir résidé cinq ans dans la colonie.

23. L'assemblée est renouvelée tous les deux ans par moitié. Nul ne peut en être membre pendant six années consécutives.

L'élection a lieu ainsi : les administrations municipales nomment tous les deux ans, au 10 Ventôse (1er Mars) chacune un député ; lesquels se réunissent, dix jours après, aux chefs-lieux de leurs départemens respectifs, où ils forment autant d'assemblées électorales départementales, qui nomment chacune un député à l'assemblée centrale.

La prochaine élection aura lieu au 10 Ventôse de la onzième année de la République française (1er Mars 1803).

En cas de décès, démission ou autrement d'un ou plusieurs membres de l'assemblée, le gouverneur pourvoit à leur remplacement.

Il désigne également les membres de l'assemblée centrale actuelle, qui, à l'époque du premier renouvellement, devront rester membres de l'assemblée, pour deux autres années.

24. L'assemblée centrale vote l'adoption ou le rejet des lois qui lui sont proposées par le gouverneur ; elle exprime son vœu sur les règlemens faits, et sur l'application des lois déjà faites, sur les abus à corriger, sur les

améliorations à entreprendre, dans toutes les parties du service de la colonie.

25. Sa session commence chaque année, le 1er Germinal (22 Mars) et ne peut excéder la durée de trois mois. Le gouverneur peut la convoquer extraordinairement.

Ses séances ne sont pas publiques.

26. Sur les états de recettes et de dépenses, qui lui sont présentés par le gouverneur, l'assemblée centrale détermine, s'il y a lieu, l'assiette, la quotité, la durée et le mode de perception de l'impôt, son accroissement ou sa diminution.

Ces états seront sommairement imprimés.

TITRE VIII.

Du Gouvernement.

27. Les rênes administratives de la colonie sont confiées à un gouverneur qui correspond directement avec le gouvernement de la métropole, pour tout ce qui est relatif aux intérêts de la colonie.

28. La constitution nomme gouverneur, le citoyen Toussaint Louverture, général en chef de l'armée de Saint-Domingue; et en considération des importans services que ce général a rendus à la colonie dans les circonstances les plus critiques de la révolution, et sur le vœu des habitans reconnaissans, les rênes lui en sont confiées pendant le reste de sa glorieuse vie.

29. A l'avenir chaque gouverneur sera nommé pour cinq ans, et pourra être continué, tous les cinq ans, en raison de sa bonne administration.

30. Pour affermir la tranquillité que la colonie doit à la fermeté, à l'activité, au zèle infatigable et aux vertus rares du général

Toussaint Louverture ; et en signe de la confiance illimitée des habitans de St-Domingue, la constitution attribue exclusivement à ce général, le droit de choisir le citoyen, qui, au malheureux événement de sa mort, devra immédiatement le remplacer.

Ce choix sera secret ; il sera consigné dans un paquet cacheté, qui ne pourra être ouvert que par l'assemblée centrale, en présence de tous les généraux de l'armée de St-Domingue en activité de service, et des commandans en chef des départemens.

Le général Toussaint Louverture prendra toutes les mesures de précaution nécessaires, pour faire connaître, à l'assemblée centrale, le lieu du dépôt de cet important paquet.

31. Le citoyen qui aura été choisi par le général Toussaint Louverture, pour prendre à sa mort les rênes du gouvernement, prêtera entre les mains de l'assemblée centrale le serment d'exécuter la constitution de Saint-Domingue et de rester attaché au gouvernement français, et sera immédiatement installé dans ses fonctions ; le tout en présence des généraux de l'armée, en activité de service, et des commandans en chef de département, qui tous, individuellement et sans désemparer, prêteront entre les mains du nouveau gouverneur, serment d'obéissance à ses ordres.

32 Un mois au plus tard, avant l'expiration des cinq ans fixés pour l'administration de chaque gouverneur, celui qui sera en fonctions, convoquera l'assemblée centrale, et la réunion des généraux de l'armée en activité et des commandans en chef de département, au lieu ordinaire des séances de l'assemblée centrale, à l'effet de nommer,

concurremment avec les membres de cette assemblée, un nouveau gouverneur, ou continuer celui qui est en fonctions.

33. Le défaut de convocation de la part du gouverneur en fonctions, est une infraction manifeste à la constitution.

Dans ce cas, le général le plus élevé en grade, et le plus ancien à grade égal, qui se trouve en activité de service dans la colonie, prend de droit et provisoirement les rênes du gouvernement. Ce général convoque immédiatement les autres généraux en activité, les commandans en chef de département et les membres de l'assemblée centrale, qui tous sont tenus d'obéir à la convocation, à l'effet de procéder concurremment à la nomination d'un nouveau gouverneur.

En cas de décès, démission ou autrement, d'un gouverneur, avant l'expiration de ses fonctions, le gouvernement passe de même provisoirement entre les mains du général le plus élevé en grade et le plus ancien à grade égal; lequel convoque, aux mêmes fins que ci-dessus, les membres de l'assemblée centrale, les généraux en activité de service et les commandans en chef de département.

34. Le gouverneur scelle et promulgue les lois; il nomme à tous les emplois civils et militaires.

Il commande en chef la force armée, et est chargé de son organisation. Les bâtimens de l'État en station dans les ports de la colonie, reçoivent ses ordres.

Il détermine la division du territoire de la manière la plus commode aux relations intérieures.

Il veille et pourvoit, d'après les lois, à la sureté intérieure et extérieure de la colonie; et attendu que l'état de guerre est un état d'abandon, de ruine et de nullité pour la colonie, le gouverneur est chargé de prendre, dans cette circonstance, les mesures qu'il croit nécessaires, pour assurer à la colonie ses subsistances et approvisionnemens de toute espèce.

35. Il exerce la police générale des habitations et des manufactures, et fait observer les obligations des propriétaires, fermiers ou de leurs représentans envers les cultivateurs et ouvriers, et les devoirs des cultivateurs et ouvriers envers les propriétaires, fermiers ou leurs représentans.

36. Il fait à l'assemblée centrale la proposition de la loi; de même que de tel changement à la constitution, que l'expérience pourra nécessiter.

37. Il dirige, surveille la perception, le versement et l'emploi des finances de la colonie, et donne à cet effet tous les ordres quelconques.

38. Il présente, tous les deux ans, à l'assemblée centrale, les états des recettes et des dépenses de chaque département, année par année.

39. Il surveille et censure, par la voie de ses commissaires, tout écrit destiné à l'impression dans l'île; il fait supprimer tous ceux venant de l'étranger, qui tendraient à corrompre les mœurs ou à troubler de nouveau la colonie; il en fait punir les auteurs ou colporteurs, suivant la gravité des cas.

40. Si le gouverneur est informé qu'il se trame quelque conspiration contre la tranquillité de la colonie, il fait aussitôt arrêter

les personnes qui en sont présumées les auteurs ou les complices, et après leur avoir fait subir un interrogatoire extrajudiciaire, il les fait traduire, s'il y a lieu, devant un tribunal compétent.

41. Le traitement du gouverneur est fixé, quant à présent, à trois cens mille francs.

Sa garde d'honneur est aux frais de la colonie.

TITRE IX.

Des Tribunaux.

42. Il ne peut être porté atteinte au droit qu'ont les citoyens de se faire juger amiablement par des arbitres à leur choix.

43. Aucune autorité ne peut suspendre ni empêcher l'exécution des jugemens rendus par les tribunaux.

44. La justice est administrée dans la colonie par des tribunaux de première instance et des tribunaux d'appel. La loi détermine l'organisation des uns et des autres, leur nombre, leur compétence, et le territoire formant le ressort de chacun.

Ces tribunaux, suivant leur degré de juridiction, connaissent de toutes affaires civiles et criminelles.

45. Il y a pour la colonie un tribunal de cassation qui prononce sur les demandes en cassation contre les jugemens rendus par les tribunaux d'appel, et sur les prises à partie contre un tribunal entier.

Ce tribunal ne connaît point du fond des affaires, mais il casse les jugemens rendus sur des procédures dans lesquelles les formes ont été violées, ou qui contiennent quelque contravention expresse à la loi ; et il renvoie le fond du procès au tribunal qui doit en connaître.

46. Les juges de ces divers tribunaux conservent leurs fonctions toute leur vie, à moins qu'ils ne soient condamnés pour forfaiture.

Les commissaires du gouvernement peuvent être révoqués.

47. Les délits des militaires sont soumis à des tribunaux spéciaux, et à des formes particulières de jugement.

Ces tribunaux spéciaux connaissent aussi des vols et enlèvemens quelconques, de la violation d'asile, des assassinats, des meurtres, des incendies, du viol, des conspirations et révoltes.

Leur organisation appartient au gouverneur de la colonie.

TITRE X.

Des Administrations municipales.

48. Dans chaque paroisse de la colonie, il y a une administration municipale.

Dans celle où est placé un tribunal de première instance, l'administration municipale est composée d'un maire et de quatre administrateurs.

Le commissaire du gouvernement près le tribunal remplit gratuitement les fonctions de commissaire près l'administration municipale.

Dans les autres paroisses, les administrations municipales sont composées d'un maire et de deux administrateurs, et les fonctions de commissaires près elles sont remplies gratuitement par les substituts du commissaire près le tribunal d'où relèvent ces paroisses.

49. Les membres des administrations municipales sont nommés pour deux ans ; ils peuvent être toujours continués.

Leur nomination est dévolue au gouverneur qui, sur une liste de seize personnes au moins, qui lui est présentée par chaque administration municipale, choisit les personnes les plus propres à gérer les affaires de chaque paroisse.

50. Les fonctions des administrations municipales consistent dans l'exercice de la simple police des villes et bourgs, dans l'administration des deniers provenant du revenu des biens de fabrique, et des impositions additionnelles des paroisses.

Elles sont, en outre, spécialement chargées de la tenue des registres des naissances, mariages et décès.

51. Les maires exercent des fonctions particulières que la loi détermine.

TITRE XI.

De la Force armée.

52. La force armée est essentiellement obéissante ; elle ne peut jamais délibérer ; elle est à la disposition du gouverneur, qui ne peut la faire mettre en mouvement que pour le maintien de l'ordre public, la protection due à tous les citoyens et la défense de la colonie.

53. Elle se divise en garde coloniale soldée et en garde coloniale non soldée.

54. La garde coloniale non soldée ne sort des limites de sa paroisse, que dans le cas d'un danger imminent, et sur l'ordre et sous la responsabilité personnelle du commandant militaire ou de place.

Hors des limites de sa paroisse, elle devient soldée, et soumise, dans ce cas, à la discipline militaire ; dans tout autre, elle n'est soumise qu'à la loi.

55. La gendarmerie coloniale fait partie de la force armée ; elle se divise en gendarmerie à cheval et en gendarmerie à pied.

La gendarmerie à cheval est instituée pour la haute police et la sureté des campagnes ; elle est à la charge du trésor de la colonie.

La gendarmerie à pied est instituée pour la police des villes et bourgs ; elle est à la charge des villes et bourgs où elle fait son service.

56. L'armée se recrute, sur la proposition qu'en fait le gouverneur à l'assemblée centrale, et suivant le mode établi par la loi.

TITRE XII.

DES FINANCES, DES BIENS DOMANIAUX, SÉQUESTRÉS ET VACANS.

57. Les finances de la colonie se composent: 1° des droits d'importation et d'exportation, de pesage et de jaugeage ; 2° des droits sur la valeur locative des maisons des villes et bourgs, de ceux sur le produit des manufactures, autres que celles de culture, et sur celui des salines ; 3° du revenu des bacs et postes ; 4° des amendes, confiscations et épaves ; 5° du droit de sauvetage sur les bâtimens naufragés ; 6° du revenu des domaines coloniaux.

58. Le produit des fermages des biens séquestrés sur les propriétaires absens et non représentés, fait provisoirement partie du revenu public de la colonie, et est appliqué aux dépenses d'administration.

Les circonstances détermineront les lois qui pourront être faites relativement à la dette publique arriérée, et aux fermages des biens séquestrés perçus par l'administration dans un temps antérieur à la promulgation de la présente constitution ; et à l'égard de ceux qui auront été perçus dans un temps postérieur, ils seront exigibles et remboursés dans l'année qui suivra la levée du séquestre du bien.

59. Les fonds provenant de la vente du mobilier et du prix des fermages des successions vacantes, ouvertes dans la colonie sous le gouvernement français depuis 1789, seront versés dans une caisse particulière, et ne seront disponibles, et les immeubles réunis aux domaines coloniaux, que deux ans après la publication de la paix dans l'île, entre la France et les puissances maritimes : bien entendu que ce délai n'est relatif qu'aux successions dont le délai de cinq ans, fixé par l'édit de 1781, serait expiré ; et à l'égard de celles ouvertes à des époques rapprochées de la paix, elles ne pourront être disponibles et réunies qu'à l'expiration de sept années.

60. Les étrangers succédant en France à leurs parens étrangers ou français, leur succéderont également à Saint-Domingue ; ils pourront contracter, acquérir et recevoir des biens situés dans la colonie, et en disposer de même que les français par tous les moyens autorisés par les lois.

61. Le mode de perception et d'administration des finances, des biens domaniaux, séquestrés et vacans, sera déterminé par les lois.

62. Une commission temporaire de comptabilité règle et vérifie les comptes de recettes et de dépenses de la colonie.

Cette commission est composée de trois membres, choisis et nommés par le gouverneur.

TITRE XIII.

Dispositions Générales.

63 La maison de toute personne est un asile inviolable.

Pendant la nuit, nul n'a le droit d'y entrer que dans le cas d'incendie, d'inondation ou de réclamation venant de l'intérieur.

Pendant le jour, on peut y entrer pour un objet spécial, déterminé ou par une loi ou par un ordre émané d'une autorité publique.

64. Pour que l'acte qui ordonne l'arrestation d'une personne puisse être exécuté, il faut, 1° qu'il exprime formellement le motif de l'arrestation et la loi en exécution de laquelle elle est ordonnée; 2° qu'il émane d'un fonctionnaire à qui la loi ait formellement donné le pouvoir de faire arrêter; 3° qu'il soit donné copie de l'ordre à la personne arrêtée.

65. Tous ceux qui, n'ayant point reçu de la loi le pouvoir de faire arrêter, donneront, signeront, exécuteront, ou feront exécuter l'arrestation d'une personne, seront coupables du crime de détention arbitraire.

66. Toute personne a le droit d'adresser des pétitions individuelles à toute autorité constituée, et spécialement au gouverneur.

67. Il ne peut être formé, dans la colonie, de corporations ni d'associations contraires à l'ordre public.

Aucune assemblée de citoyens ne peut se qualifier de société populaire.

Tout rassemblement séditieux doit être sur le champ dissipé, d'abord par voie de commandement verbal, et s'il est nécessaire par le développement de la force armée.

68. Toute personne a la faculté de former des établissemens particuliers d'éducation et d'instruction pour la jeunesse, sous l'autorisation et la surveillance des administrations municipales.

69. La loi surveille particulièrement les professions qui intéressent les mœurs publiques, la sureté, la santé et la fortune des citoyens.

70. La loi pourvoit à la récompense des inventeurs de machines rurales, ou au maintien de la propriété exclusive de leurs découvertes.

71. Il y a dans toute la colonie uniformité de poids et de mesures.

72. Il sera, par le gouverneur, décerné, au nom de la colonie, des récompenses aux guerriers qui auront rendu des services éclatans en combattant pour la défense commune.

73. Les propriétaires absens, pour quelque cause que ce soit, conservent tous leurs droits sur les biens à eux appartenans et situés dans la colonie ; il leur suffira, pour obtenir la main-levée du séquestre qui y aurait été posé, de représenter leurs titres de propriété, et à défaut de titres, des actes supplétifs, dont la loi déterminera la formule.

Sont néanmoins exceptés de cette disposition, ceux qui auraient été inscrits et maintenus sur la liste générale des émigrés de France. Leurs biens, dans ce cas, continueront d'être administrés comme domaines coloniaux, jusqu'à leur radiation.

74. La colonie proclame, comme garantie de la foi publique, que tous les baux des biens affermés légalement par l'administration, auront leur entier effet, si les adjudicataires

n'aiment mieux transiger avec les propriétaires ou leurs représentans, qui auraient obtenu la main-levée de leur séquestre.

75. Elle proclame que c'est sur le respect des personnes et des propriétés que reposent la culture des terres, toutes les productions, tout moyen de travail et tout ordre social.

76. Elle proclame que tout citoyen doit ses services au sol qui le nourrit ou qui l'a vu naître, au maintien de la liberté, de l'égalité et de la propriété, toutes les fois que la loi l'appelle à les défendre.

77. Le général en chef, Toussaint Louverture, est et demeure chargé d'envoyer la présente constitution à la sanction du gouvernement français; néanmoins, et vu l'absence absolue des lois, l'urgence de sortir de cet état de péril, la nécessité de rétablir promptement les cultures, et le vœu unanime bien prononcé des habitans de Saint-Domingue, le général en chef est et demeure invité, *au nom du bien public*, à la faire mettre à exécution dans toute l'étendue du territoire de la colonie.

Fait au Port-Républicain, le 19 Floréal, an neuf de la République française, une et indivisible.

Signé Borgella, président; Raimond, Collet, Gaston Nogerée, Lacour, Roxas, Mugnoz, Mancebo, Et. Viart, secrétaire.

Après avoir pris connaissance de la constitution, je lui donne mon approbation. L'invitation de l'assemblée centrale est un ordre pour moi, en conséquence je la ferai passer au gouvernement français pour obtenir sa sanction.

Quant à ce qui regarde son exécution dans la colonie, le voeu exprimé par l'assemblée centrale sera également rempli et exécuté.

Donné au Cap-Français, le 14 Messidor, an neuf de la République française, une et indivisible.

Le général en chef,

Signé TOUSSAINT LOUVERTURE.

ADRESSE
DE
L'ASSEMBLÉE CENTRALE
DE
SAINT-DOMINGUE,
Aux Habitans et à l'Armée de Saint-Domingue.

Colons français et vous braves Soldats.

DEPUIS long-temps Saint-Domingue aspire au bonheur inappréciable d'avoir une constitution locale.

Des factions qui se sont successivement remplacées dans le gouvernement de la métropole, en propageant leurs principes subversifs dans cette île, avaient étouffé les justes réclamations de ses infortunés habitans, les avaient dégradés de la dignité d'hommes libres, leur avaient ravi jusqu'aux élans précieux de ces nobles sentimens qui élèvent et agrandissent les ames, et les avaient forcés de recevoir la loi qu'ils n'avaient ni faite ni consentie.

Les colonies françaises, disait la constitution de l'an trois (art. 6) sont parties intégrantes de la République, et sont soumises à la même loi constitutionnelle. »

Ainsi, par la fatalité la plus terrible, les destinées de Saint-Domingue ont été associées à celles de la métropole.

C'est ainsi que l'esprit de parti qui désolait la France, a étendu ses ramifications à travers l'immensité des mers, et a fait courber Saint-Domingue sous l'énorme poids de sa perverse influence.

Cet état affreux, cet état de dissolution pouvait-il avoir une durée? Non, il était réservé à un génie réédificateur de fixer bientôt le sort de la République. En effet, Bonaparte vole des confins de l'Egypte dans le cœur de la France, et tout-à-coup les factions disparaissent; un ordre social succède aux convulsions de l'anarchie. La République goûte au dedans les douceurs de la paix et se prépare d'aller en recueillir les fruits au dehors.

Une constitution nouvelle est posée; elle est dégagée de cette multiplicité de rouages qui se heurtent mutuellement, et qui donnent lieu aux cabales populaires, à la diversité d'opinions, aux calamités publiques.

Mais cette constitution nouvelle a-t-elle été faite pour vous, insulaires qui habitez une région si éloignée et si différente de la métropole? Vos représentans, comme ceux des autres départemens français, y ont-ils concouru ou participé? Non.

La sagesse et toutes les vertus ses compagnes, qui ont présidé à la rédaction de cet acte constitutionnel, y ont consacré vos droits, stipulé vos intérêts, en proclamant qu'il n'était pas fait pour vous, que vous seriez soumis à l'empire de lois particulières.

Dès ce moment enfin, la justice a lui pour vous. La nation puissante et généreuse dont vous avez le goût et le caractère, et dont vous faites partie, a brisé les fers honteux que l'esprit de parti et l'anarchie s'étaient plus à vous donner.

Elle a reconnu les droits que vous tenez de la nature. Désormais vous ne serez plus exposés à ces commotions terribles, à ces secousses violentes, à ces tempêtes politiques, qui naissent de l'exécution des lois faites sans intérêt, loin de vous, et qui ne pouvaient convenir, ni à vos mœurs, ni à vos usages, ni au climat que vous habitez.

Grâces soient rendues à la nouvelle constitution française !

Colons français ! vous avez été éveillés par l'article 91, le besoin des lois s'est fait entendre aussitôt, et vous avez manifesté vos vœux au général qui gouverne cette colonie, au général qui l'a tant de fois retenue sur le bord du précipice, et qui l'a défendue avec tant de succès contre les entreprises des ennemis du nom français, et contre l'influence de toutes les factions. Eh ! pouviez-vous ne pas être écoutés de celui qui consacre tous les momens de sa vie à cicatriser les profondes plaies faites à la colonie, et à répandre sur vous un baume consolateur !

Toussaint Louverture, cet homme extraordinaire, dont les belles actions commandent votre admiration et votre reconnaissance, s'est élevé comme un phénix au milieu des cendres, et s'est dévoué tout entier à la défense de votre pays, de vos personnes et de vos propriétés.

Au milieu des mouvemens convulsifs de l'anarchie, il a eu la générosité, le courage de se charger des rênes d'une colonie abandonnée, sans défenses, autres que celles qui lui sont naturelles, et dénuée de tous les moyens qu'assurent la culture et le commerce.

Il y a fait, vous le savez, respecter le nom français, en y faisant arborer par tout ses couleurs ; il a su approvisionner vos ports, vivifier vos cultures, appeller le commerce, rétablir vos cités, discipliner les troupes.

Il a plus fait encore, il a vaincu des préjugés invétérés ; il a, parmi vous, cimenté les nœuds de la plus douce fraternité ; ces nœuds que l'ancien système colonial avait si inhumainement réprouvés, et que des factieux, pour maintenir leur odieux empire, se faisaient un jeu barbare de resserrer ou de rompre à loisir.

La proclamation du général en chef qui a convoqué vos mandataires, vous prouve à quel point il désire votre bonheur ; il vous annonce que le temps des déchiremens est passé ; il vous démontre la nécessité de vous donner des lois de convenance ; et adoptant cette maxime constante, que les lois sont des conventions établies par des hommes qui doivent s'y conformer pour régler l'ordre de la société, il vous fait concevoir qu'il en est d'elles comme des productions de la terre, que chaque pays a ses mœurs, ses statuts, comme ses fruits propres.

D'après ces principes, une assemblée d'habitans a reçu de vous l'importante tâche de poser les bases constitutionnelles du régime intérieur de cette colonie ; et fidelle à la métropole, le général, qui a autorisé la convocation de cette assemblée, a proclamé que ces bases constitutionnelles seront soumises à la sanction du gouvernement français.

Mais vos mandataires ont dû interpréter favorablement le trop long silence de la métropole ; considérer son éloignement et l'état de guerre où elle se trouve, ils ont dû être effrayés de l'absence des lois ; et dans ce péril imminent, ils ont dû, par amour pour vous et par attachement à la France, dissiper toutes les inquiétudes, rassurer tous les esprits.

Ils se sont rappelés que le salut de tous est la suprême loi, et ils ont cru devoir inviter le général, qui veille sur les destinées de Saint-Domingue, à faire mettre sur le champ à exécution, les bases de législation qu'ils ont posées.

Aujourd'hui ces bases vous sont offertes. Votre bonheur, présent et futur, a constamment occupé vos mandataires; ils se sont efforcés de le rendre durable. Puissent-ils ne s'être point trompés!

Colons français et vous braves soldats, n'oubliez jamais et pénétrez-vous bien qu'il n'est que le temps et l'expérience qui puissent consolider les institutions humaines. Ralliez-vous autour du pacte de famille qui vous est présenté; vos mandataires le déposent dans votre sein, comme le *palladium* de votre liberté civile et politique, et comme le gage de leur affection pour vous et de leur dévouement à la République.

Vive la République, qui réédifie et qui protège les colonies!

Signé Borgella, président; Collet, Raimond, Gaston Nogerée, Lacour, Roxas, Mugnoz, Mancebo, Et. Viart, secrétaire.

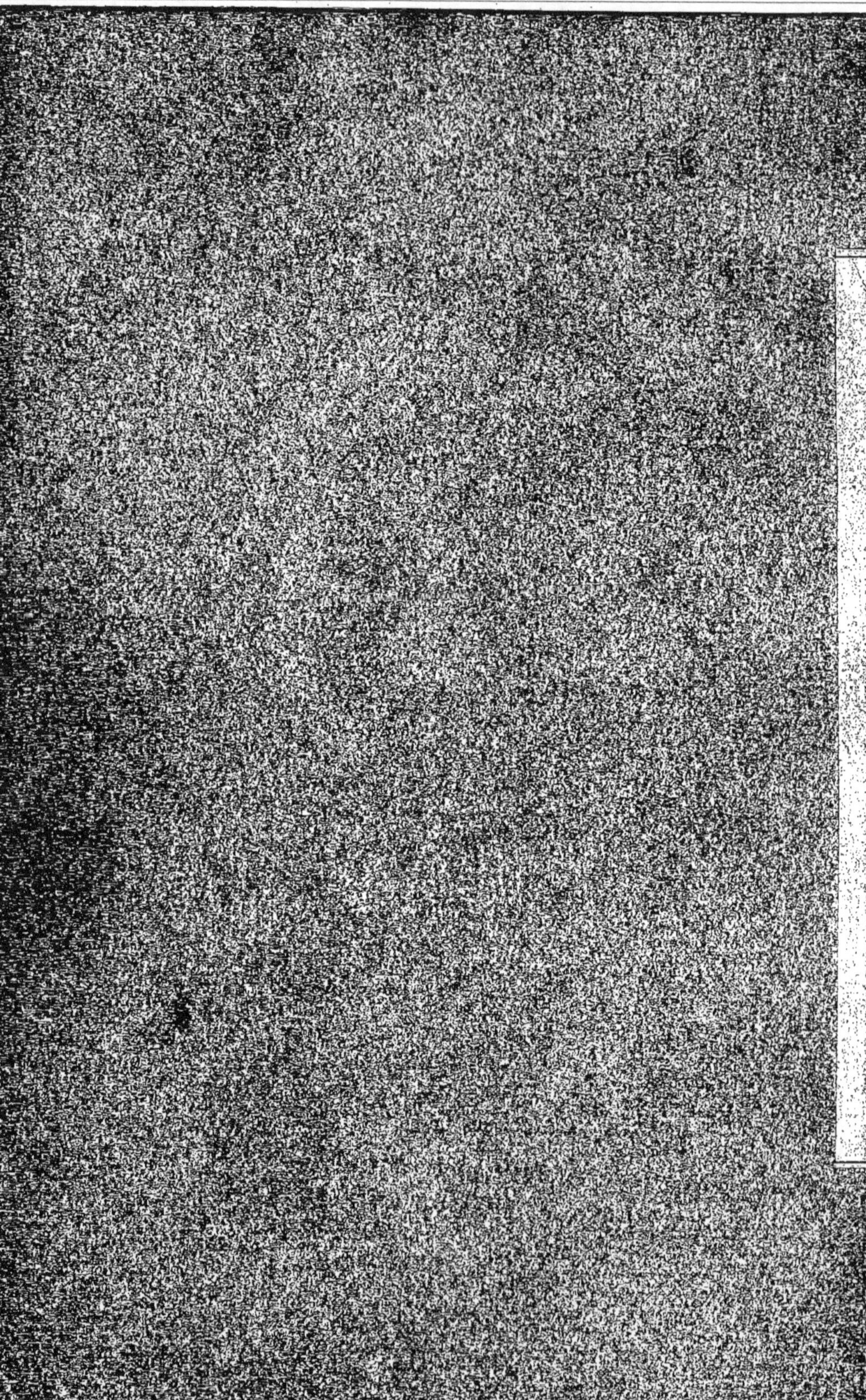

www.ingramcontent.com/pod-product-compliance
Lightning Source LLC
LaVergne TN
LVHW020254230826
846091LV00006B/2404

* 9 7 8 2 0 1 1 3 4 4 1 0 6 *